Recetas de
PESCADO
con sabor inglés

Selección de las mejores recetas

de la cocina británica

Diana Herrera

Copyright © 2015 Diana Herrera

Copyright © 2015 Editorial Imagen.

Córdoba, Argentina
Editorialimagen.com

All rights reserved.
Edición Corregida y Revisada, Noviembre 2015

Todos los derechos reservados. Ninguna parte de este libro puede ser reproducida por cualquier medio (incluido electrónico, mecánico u otro, como ser fotocopia, grabación o cualquier sistema de almacenamiento o reproducción de información) sin el permiso escrito del autor, a excepción de porciones breves citadas con fines de revisión.

Todas las imágenes en este libro (portada y fotos interiores) son usadas con permiso de: Cherrylet, Avlxyz, Girl Interrupted Eating, Kai Hendry, David Berkowitz, Ewan-M, MSVG, Fspitznagel, Janet Hudson.

CATEGORÍA: Recetas de Cocina

Impreso en los Estados Unidos de América

ISBN-13:
ISBN-10:

ÍNDICE

Introducción 1
Para Decorar y Presentar el Pescado 3
Instrucciones Para Cocinar Pescado 5
Recetas de Pescado 7
    Cazuela de Pescado 9
    Merluza a la Vienesa 11
    Croquetas de Pescado 13
    Ensalada de Langosta 15
    Crema de Langosta o Pescado 17
    Curry de Langostinos 18
    Curry Chingoree 19
    Mousse de Langostinos 21
    Canapés de Ostras 22
    Camarones 23
    Camarones a la Newburg 24
    Camarones con Tomates 25
    Tomates Rellenos con Camarones 26
    Filet de Lenguado 28
    Pescado con Salsa de Alcaparras 30
    Pescado a la Holandesa 31
    Merluza a la Mayonesa 33
    Salpicón de Pescado 35

Ensalada Tropical de Atún 36

Sopa de Pescado 37

Timbales de Pescado 39

Soufflé de Pescado 41

Arenques Ahumados 42

Pasta de Arenques 44

Pescado en Escalope al Horno 45

Budín de Crema de Pescado 47

Pastel de Pescado 48

Pescado en Escabeche 50

Tarta de Pescado 51

Receta para Masa de Hojaldre 53

Receta para Masa Quebrada 55

Tarta de Pescado 56

Salsas para Pescado 59

Salsa Holandesa 61

Salsa Tártara 62

Pickles Picalilli 63

Salsa Blanca para Pescado 65

Salsa de Huevo para Pescado 66

Salsa de Alcaparras para Pescado 67

Mayonesa para Pescado 68

Más Libros de Interés 71

Introducción

El pescado es fuente de ricos nutrientes y es esencial en la alimentación para un cuerpo saludable. Es también un ingrediente vital de la dieta Mediterránea, la cual se considera una de las mejores del mundo para comer de forma sana.

En la dieta inglesa también es importante el pescado y en esta presentación te ofrecemos algunas recetas populares de la cocina británica, detallando diferentes maneras de cocinar el pescado como también algunas tartas y salsas para pescado. Verás que estas recetas no son difíciles ni complicadas. Estoy segura que las disfrutarás.

Una Referencia

A menudo en las siguientes recetas se emplea el término papel manteca lo que hace referencia a un papel engrasado que se usa en bollería, para evitar que se pegue en los moldes. Este tipo de papel se usa al hacer magdalenas, mantecados, sobaos y demás. Siempre que queremos comer uno de estos, tenemos que quitar el papel graso que los envuelve.

También se lo conoce como papel parafinado, papel para horno, papel vegetal o papel encerado.

Para Decorar y Presentar el Pescado

- Cortar por la mitad una rebanada fina de limón y servir con el pescado.

- Rodear la fuente con rebanadas de limón y perejil picado, alternativamente. Espolvorear también el pescado con un poco de perejil y colocar un langostino en cada esquina.

- El pan rallado remojado con un poco de colorante es también muy decorativo.

- Para decorar una mayonesa de pescado usar tiras de ají verde y colorado y rebanadas de huevo duro.

- Unas rebanadas pequeñas de tomates con una aceituna negra en el centro, alternadas con rebanadas de huevo duro con un camarón en el centro.

- Para una mayonesa de salmón, rodear la con rebanadas de pepinos y rabanitos pelados en forma de flor.

Instrucciones
Para Cocinar Pescado

Pescado Frito

Para freír pescado, la grasa o aceite debe estar bien caliente y debe mantenerse a una temperatura pareja para que no se ablande la fritura, deben cocinarse de a pocos a la vez, y cuando estén fritos, deben colocarse sobre papel absorbente.

Pescado Hervido

Cuando se hierve pescado, se debe espolvorear con sal gruesa y dejar así por varias horas. Después se lava, se seca y se pone en maceración con un poco de jugo de limón y condimentos a gusto por 1 hora. El pescado debe hervir muy lentamente y apenas cubierto de agua, por unos 15 a 20 minutos, según el tamaño. Debe agregarse el agua un poco de aceite cuando se va a usar en frío con una salsa mayonesa.

Cuando se va a servir con alguna salsa que contenga mantequilla (Holandesa, de alcaparras, etc.), se hierve con un trozo de mantequilla.

Bacalao Seco

Remojar en agua fría el bacalao desde la noche anterior. Antes de cocinar quitarle las aletas y espinas, cortar en trozos grandes y lavar bien. Poner en una cacerola cubierto de leche, a la que se habrá agregado una cucharada de mantequilla (pero no sal). Cocinar lentamente hasta que el bacalao se pueda pinchar fácilmente con un tenedor. Agregar leche de vez en cuando, si fuera necesario, y servir con el líquido en que se ha cocinado.

Recetas de Pescado

Cazuela de Pescado

1 corbina, merluza, etc.
2 cebollas
2 tomates
6 patatas medianas
1/3 taza de arroz
Aceite, sal y pimienta

Se limpia el pescado y se corta en presas.

Se echa un poco de aceite en una cacerola de barro, y sobre el aceite, una capa de cebollas cortadas en rebanadas.

Encima se coloca el pescado ya cortado, después unas patatas, cebollas, arroz y tomates en rebanadas.

Se sazona bien y se pone al fuego por 5 minutos.

Entonces se le echa agua hirviendo encima, se tapa bien y se deja cocinar a fuego lento.

Servir en la misma fuente.

Merluza a la Vienesa

1 kilo de patatas
1 merluza
150 g de mantequilla
½ kilo de camarones
El jugo de ½ limón
3 huevos
½ vaso de vino blanco
1 lata de champiñones
½ cebolla
1 cucharadita de extracto de carne
1 zanahoria
1 ramita de apio
1 cucharada de harina
Sal, pimienta y nuez moscada al gusto

Primera Preparación:

Limpiar los camarones, exprimirles el jugo de medio limón y condimentarlos con sal.

Segunda Preparación:

Limpiar la merluza y condimentar. Echa encima el jugo de limón.

Cortar la cebolla, la zanahoria y la ramita de apio. Poner esto en una asadera.

Colocar la merluza y agregarle el vino y un cucharón de caldo. Tapar con un papel manteca y cocinar al horno por 20 minutos.

Retirar, dejar enfriar, quitar la piel y las espinas a la merluza.

Tercera Preparación:

Cocinar las patatas en agua con sal. Cuando estén cocidas pasarlas por el cedazo, agregarle una cucharada de mantequilla, 2 yemas de huevo y condimentar.

Colocar esté puré en una manga con boquilla rizada y formar sobre una bandeja de hornear un nido grande. Poner en el horno y dorar un poco.

Cuarta Preparación:

Poner en una cacerola una cucharada de mantequilla. Cuando esté caliente agregar la harina, una yema, el jugo que queda en la bandeja de hornear pasado por un colador y condimentar.

Quinta Preparación:

Poner en una cacerola una cucharada de mantequilla, saltar los champiñones y algunos camarones cortados. Agregar la merluza y rellenar con esto el nido de patatas.

Terminar cubriendo con la cuarta preparación y finalmente decorar con camarones y el extracto de carne.

Croquetas de Pescado

1 taza de pescado desmenuzado o 1 cucharada de pasta de anchoas
2 tazas de patatas pisadas
1 huevo
Un poco de salsa inglesa Worcestershire
Un poco de harina
Un poco de pan rallado
Sal y pimienta de cayena al gusto

Mezclar estos ingredientes uniéndolos con la yema y formar croquetas de más o menos 4 centímetros de diámetro por 2 cms de grueso.

Sazonar muy bien con sal y pimienta de cayena y un poco de salsa inglesa.

Pasar ligeramente por harina, después por huevo batido (puede usar la clara restante) y por último pan rallado.

Si las croquetas no están completamente cubiertas en huevo y pan rallado, se romperán al freír.

Deben freírse en abundante grasa o aceite hirviendo, de manera que las cubra.

Ensalada de Langosta

Una langosta hervida
Sal y pimienta al gusto
Aceite y vinagre al gusto

Para servir:

Hojas de lechuga y escarola
Mayonesa
Aceitunas
Alcaparras
Huevos duros

Cortar una langosta hervida en trozos pequeños.

Condimentar con sal, pimienta, aceite y vinagre y dejar en maceración.

Servir en una fuente sobre hojas de lechuga y escarola.

Cubrir con mayonesa y decorar con aceitunas, alcaparras y huevos duros.

Crema de Langosta o Pescado

1 taza de langosta o salmón
3 huevos
1 taza de pan rallado
1 taza de leche
1 cucharada de crema fresca

Hervir la leche y verter sobre el pan rallado, agregar el pescado picado, la cucharada de crema y batir bien.

Agregar los huevos bien batidos y mezclar todo junto muy bien.

Poner esta preparación en moldes engrasados y cocinar al baño María por 30 minutos.

Desmoldar en una fuente y verter por encima un poco de salsa blanca.

Salsa blanca:
2 cucharadas de harina
2 cucharadas de mantequilla
2 tazas de leche
Sal y pimienta al gusto

Derretir la mantequilla y agregar la harina revolviendo hasta que no tenga grumos.

Retirar del fuego y agregar gradualmente la leche. Hervir unos minutos a fuego lento y servir.

Curry de Langostinos

2 docenas de langostinos
56 g de mantequilla
1 cebolla
2 cucharadas de postre de polvo curry
3 cucharadas de crema fresca
Arroz hervido
Unas rebanadas de limón para adornar

Derretir la mantequilla en una cacerola y freír la cebolla, finamente picada, hasta que esté tierna.

Quitar las cabezas a los langostinos y pelarlos. Si son conservados, lavarlos para quitarles bien la sal.

Agregar el polvo curry a la cebolla y freír por 5 minutos.

Agregar los camarones y calentarlos bien.

Apilar el arroz hervido en el centro de una fuente caliente, retirar los camarones y acomodarlos alrededor del arroz.

Poner la crema en la cacerola junto con el curry y mezclar bien y cuando está a punto de hervir, verter sobre los camarones. Si se prefiere puede substituirse la crema por mantequilla.

Adornar la fuente con rebanadas finas de limón.

Curry Chingoree

Una receta hindú

Este curry puede hacerse de langosta, cangrejo, camarones o langostinos. También puede emplearse pescado de carne firme, como la raya, pero entonces debe espolvorearse con queso rallado.

1 taza de aceite
1 cucharada de cebolla finamente picada.
1 cucharada de postre de curry en polvo
1 taza de leche o crema fresca

Preparar suficiente cantidad de pescado como para llenar un plato sopero.

Poner en una cacerola gruesa el aceite y agregar cuando esté caliente, la cebolla finamente picada.

Dejar dorar ligeramente y agregar entonces el curry disuelto en la leche o crema.

Cocinar entonces lentamente hasta que el curry esté bien cocido, agregar el pescado y servir.

Debe recordarse:

- Los mariscos no deben cocinarse nuevamente, de lo contrario se endurecen.

- Cuando se agrega leche o crema a una salsa, debe cocinarse lentamente, porque cocinando a fuego fuerte, se corta la leche.

Mousse de Langostinos

1 kilo de langostinos o camarones
1 taza de mayonesa
250 g de crema batida
4 hojas de gelatina
1 taza de leche
Pimienta colorada
Sal al gusto

Pelar y cortar los langostinos.

Mezclar la mayonesa, la sal, la pimienta, la crema y la leche. Agregar la gelatina disuelta en un poquito de agua caliente.

Agregar los langostinos y cuando empieza a endurecer, agregar las claras que han quedado al hacer la mayonesa batidas a nieve.

Poner en un molde y dejar hasta que se forme.

Canapés de Ostras

1 lata de ostras
1 cucharada de crema fresca
1 cucharadita de salsa Worcester
Pimienta de cayena
1 trozo de mantequilla como una nuez

Colar las ostras, envolver la mantequilla en harina.

Poner en una cacerola con la crema, salsa Worcester, pimienta de cayena y sal a gusto.

Agregar el líquido de las ostras, revolver y retirar del fuego enseguida que hierva.

Servir sobre tostadas untadas con mantequilla.

Camarones

4 huevos
1 cucharada de mantequilla
2 tazas de salsa blanca
2 cucharadas de queso rallado
Camarones o langostinos
Sal al gusto

Untar bien con mantequilla unos moldes individuales de vidrio y para horno.

Colocar en cada uno 4 langostinos pelados, o más si se emplea camarones.

Espolvorear con sal y queso.

Romper un huevo en cada molde y verter encima la salsa blanca a la que se habrá agregado el resto del queso.

Cocinar en horno caliente unos 7 minutos o hasta que los huevos se formen.

Camarones a la Newburg

Camarones
2 o 3 cucharadas de jerez
1 cucharada de mantequilla
Una pizca de nuez moscada
2 yemas
¼ litro de crema fresca
Sal y pimienta colorada al gusto

Pelar los camarones, ponerlos en un plato y condimentar con pimienta colorada, sal y nuez moscada.

Verter encima el jerez y dejar reposar por 1 hora, si fuera posible.

Derretir la mantequilla en una cacerola de doble fondo, agregar los camarones y cocinar de 6 a 8 minutos.

Agregar, revolviendo continuamente, las yemas previamente batidas con la crema.

Dejar espesar sin que llegue a hervir, y servir bien caliente.

Este plato puede servirse con arroz hervido.

Camarones con Tomates

Camarones
Unos tomates grandes
Un poco de mantequilla
Un poco de cebolla picada
1 cucharada de postre de leche por cada tomate
Un poco de harina
Sal y pimienta al gusto

Partir los tomates, quitarles la pulpa y ponerla en una cacerola con un poco de mantequilla y la cebolla picada.

Agregar la leche y condimentar a gusto. Cocinar por 5 minutos.

Espesar con la harina para darle la consistencia de crema.

Agregar los camarones pelados y rellenar los tomates con esta preparación.

Poner en una asadera engrasada y cocinar al horno por 10 minutos.

Servir sobre pan tostado untado con mantequilla.

Tomates Rellenos con Camarones

6 tomates medianos
250 g de camarones
1 taza de ensalada rusa
2 huevos duros
Salsa mayonesa
Vinagre
Sal y pimienta al gusto

Cortar la parte superior de los tomates. Ahuecar el tomate sacando la mayor parte de la pulpa.

Condimentar con sal, pimienta y vinagre. Escurrir.

Rellenar los tomates con la mitad de los camarones mezclados con la ensalada rusa, cubrirlos con mayonesa y decorar cada uno con una cabeza de camarón.

Colocar los camarones restantes alrededor de la fuente y algunas rodajas de limón.

Filet de Lenguado

Este es un plato para una ocasión especial.

6 filetes de lenguado
1 taza de hongos
2 cucharadas de mantequilla
2 cucharadas de harina
1 cucharada de crema fresca
1 docena de camarones
2 yemas
2 chalotes
1 taza de vino blanco
1 taza de caldo
Un poco de perejil picado
Sal y pimienta al gusto

Poner en una cacerola el vino, el caldo, el perejil, los chalotes picados y los condimentos.

Hacer hervir lentamente por 15 minutos.

Acomodar en la cacerola los filetes y dejar cocinar lentamente.

Lavar, pelar y cortar los hongos y freír en mantequilla.

Agregar la harina y mezclar hasta que esté cremoso con el líquido colado en que se ha cocinado el pescado.

Dejar hervir por unos minutos.

Agregar las yemas previamente batidas y mezcladas con la crema y revolver hasta que se espese.

Poner los filetes en una fuente plana para horno, acomodar los camarones alrededor y verter la salsa encima.

Calentar en el horno y servir enseguida.

Pescado con Salsa de Alcaparras

6 filetes de pescado
2 cucharadas de mantequilla
1 cucharada de harina
Un poco de jugo de limón
1 cucharada de postre de alcaparras
Sal y pimienta al gusto

Poner en una cacerola los filetes de pescado.

Cubrirlo apenas con agua y agregar 1 cucharada de la mantequilla, el jugo de limón, la sal y la pimienta.

Cocinar lentamente por 15 minutos.

Derretir 1 cucharada de mantequilla.

Agregar la harina y mezclar gradualmente con el líquido en que se ha cocinado el pescado.

Hervir por 3 minutos agregar las alcaparras y hervir por 2 minutos más.

Verter esta salsa sobre el pescado y servir caliente.

Pescado a la Holandesa

1 pescado de 1 kilo – con preferencia brótola
50 g de mantequilla
1 copa de vino blanco
1 hoja de laurel
½ tacita de agua
Un poquito de nuez moscada
Un poco de jugo de limón
Sal y pimienta al gusto

Limpiar bien el pescado.

Ponerlo en una asadera engrasada, condimentarlo con sal, la pimienta, el jugo de limón y la nuez moscada.

Agregarle el vino, laurel y agua.

Ponerle encima unos trozos de mantequilla, cubrirlo con un papel manteca y cocinarlo en horno caliente por 20 minutos.

Colocarlo entonces en una fuente y servirlo cubierto de salsa holandesa.

Salsa Holandesa:
3 yemas
2 cucharadas de agua fría
100 g mantequilla derretida
1 cucharada de postre de jugo de limón

Batir en un bol las yemas con el agua.

Colocar al baño María y cuando esté espumosa agregar la mantequilla derretida.

Agregarle sin dejar de batir, el jugo de limón y condimentar a gusto.

Seguir batiendo hasta que se espese.

Merluza a la Mayonesa

4 filetes de merluza
250 g de camarones
¼ vaso de vino blanco
5 cucharadas (120 g,) de mantequilla
250 g de ensalada rusa
Aceitunas negras
2 limones
Sal, pimienta y nuez moscada al gusto
2 huevos para la mayonesa

Condimentar los filetes con sal, pimienta, nuez moscada y jugo de limón.

Ponerlos en una asadera bien engrasada, rociarlos con el vino, cubrirlos con papel manteca y cocinar en horno moderado.

Retirar del horno y dejar enfriar.

Colocar la ensalada rusa en una fuente dándole la forma de un pez.

Colocar los filetes encima de la ensalada y cubrir con la mayonesa.

Adornar con camarones y aceitunas negras.

Ensalada Rusa:
2 tazas de patatas
1 taza de zanahorias
1 taza de arvejas

1 taza de remolacha
Mayonesa

Cocinar la verdura por separado. Cortar en pequeños dados y cubrir con mayonesa.

***Mayonesa*:**
2 yemas
1 cucharadita de azúcar
½ cucharadita de mostaza
¼ cucharadita de sal
1 taza de aceite
El jugo de medio limón

Mezclar la mostaza, azúcar y sal. Agregar las yemas y batir por 5 minutos.

Agregar el aceite de a gotas al principio, después de a poco.

Cuando empieza a endurecerse agregar el limón de a gotas, alternativamente con el aceite.

Salpicón de Pescado

Pescado hervido frío
Aceite y vinagre
Salsa tártara
Aceitunas rellenas con anchoas para decorar

Cortar de cualquier forma original y bonito los siguientes:

Unas remolachas cocidas
Unas patatas hervidas frías
Un poco de coliflor cocido o pickles
Un poco de pepino
Unos repollitos de Bruselas (si es de estación)
Algunos chalotes

Cortar en trozos, dándole buena forma, un poco de pescado hervido y frío.

Condimentar con aceite, vinagre y chalotes, picado finamente.

Acomodar bien en una fuente. Cubrir con una buena salsa tártara y decorar con aceitunas rellenas con anchoas.

Servir bien frío.

Ensalada Tropical de Atún

La receta tiene gran colorido además de ser muy sabrosa.

Lechuga
Tomates
1 o 2 latas pequeñas de atún
½ pimiento de morrón
½ manzana
150 g de piña (ananá)
Algunas nueces
Algunas pasas de uva sin semillas (opcional)
2 huevos duros (opcional)

Se lavan y se pelan las verduras y la fruta y luego se cortan en pequeños trozos.

Luego agregar el atún.

Aliñar a gusto.

Sopa de Pescado

Pescado
Unas zanahorias, cebollas, nabos y apio
Mantequilla
1 ½ litro agua
½ litro de vino blanco
1 ramito de hierbas compuestas
Sal y pimiento al gusto

Tomar algún pescado como merluza, brótola, pescadilla etc. Limpiarlo.

Saltar las zanahorias en mantequilla junto con las cebollas, los nabos y el apio.

Cuando las legumbres empiezan a tomar color agregar el agua y el vino.

Condimentar y agregar el ramito de hierbas. Dejar cocinar 15 minutos.

Agregar entonces el pescado y dejar hervir lentamente por 2 horas.

Agregar un poco de agua, si se necesitara, para mantener la misma cantidad de líquido.

Para servir, poner en la sopera unos trozos de pan frito.

Verter encima el caldo y agregar un buen trozo de mantequilla.

Timbales de Pescado

2 tazas de pescado cocido frío
3 claras
1 taza de crema fresca
1 cucharada de postre de jugo de limón
Sal y pimienta

Pisar bien el pescado con sal, pimienta y jugo de limón.

Batir la crema hasta que se espese.

Unir con el pescado y agregar las claras batidas a nieve, mezclando suavemente.

Poner en moldes pequeños para horno.

Colocar los moldes en una asadera con agua hirviendo.

Taparlos con un papel manteca y cocinar en horno caliente por 12 minutos.

Desmoldar en una fuente caliente y servir con salsa de alcaparras.

Salsa de alcaparras:
1 cucharada de alcaparras
4 cucharadas de mantequilla
1 ½ jugo de limón
1 cucharadita de perejil picado
Pimienta al gusto

Derretir la mantequilla en una cacerola.

Agregar alcaparras, y los demás ingredientes.

Calentar hasta que esté muy caliente y luego verter sobre el pescado.

Soufflé de Pescado

Unos filetes de pescado
84 g de mantequilla y un poco más
84 g de harina
3 huevos
1 litro leche
Un poco de cebolla picada
Sal y pimienta al gusto

Acomodar los filetes de pescado en un molde de vidrio o molde ideal para horno, con un poco de mantequilla, la cebolla picada, y los condimentos. Cubrir con papel manteca y poner al horno hasta que esté cocido.

Derretir la mantequilla en una cacerola y mientras esté en el fuego, agregar la harina revolviendo continuamente y después la leche gradualmente.

Retirar del fuego, agregar las yemas batidas, sal y pimienta.

Dejar enfriar un poco y agregar mezclando con un cuchillo, las claras batidas a nieve.

Verter esta preparación sobre el pescado, cocinar en horno caliente por unos 20 minutos y servir enseguida.

Arenques Ahumados

Elegir arenques grandes y aceitosos, tantos como se necesiten.
Mantequilla
Perejil picado para adornar

Secar los arenques con un repasador y cortarles la cabeza y la cola.

Untar los arenques bien con mantequilla como si fuera pan y doblarlos dándole forma como si fuera pescado fresco.

Colocar en una cacerola de barro cocido con tapa.

Cocinar en el horno a temperatura suave por 30 minutos.

Servir bien caliente adornado con un poco de perejil picado.

Pasta de Arenques

4 arenques
200 g de mantequilla
Un poco de pimienta

Cortar la cabeza y la cola a los arenques ponerlos en una cacerola con la cantidad de agua fría justamente necesaria para cubrirlos, calentar lentamente hasta que hierva, solamente por 2 minutos.

Escurrir entonces el pescado, quitarle la piel y espinas y pasarlo 2 veces por la máquina de picar. Las huevas también se usan.

Batir la mantequilla hasta que esté como una crema.

Agregar el pescado picado y un poco de pimienta.

Cuanto más se bate la pasta, mejor color toma.

Pescado en Escalope al Horno

2 tazas de pescado cocido frío
2 tazas de pan rallado
2 tazas de salsa blanca liviana (ver receta)
12 camarones
Mantequilla
Sal y pimienta al gusto

Engrasar bien una fuente de horno y poner en ésta la mitad del pescado, desmenuzado.

Verter encima 1 taza de salsa blanca, después colocar los camarones.

Espolvorear con 1 taza de pan rallado y unos trozos de mantequilla.

Acomodar después el resto del pescado, y agregar los demás ingredientes como en el mismo orden.

Cocinar 20 minutos en horno más bien caliente.

Salsa blanca:
2 cucharadas de harina
2 cucharadas de mantequilla
2 tazas de leche
Sal y pimienta al gusto

Derretir la mantequilla y agregar la harina revolviendo hasta que no tenga grumos.

Retirar del fuego y agregar gradualmente la leche.

Hervir unos minutos a fuego lento y servirla.

Budín de Crema de Pescado

Cualquier pescado frío
Un poco de perejil
Sal y pimienta al gusto
2 o 3 huevos
½ litro de leche

Quitar la piel y espinas del pescado.

Picarlo y sazonar con sal, pimienta y perejil.

Engrasar un molde.

Espolvorear con un poco de perejil picado y llenar casi completamente con el pescado.

Hacer una crema con la leche y los huevos y condimentos.

Cocinar a fuego muy suave o a baño María hasta que se espese. No debe hervir.

Verter sobre el pescado, cubrir un molde con un papel manteca y cocinar lentamente al baño María hasta que se forme.

Desmoldar cuidadosamente y servir caliente.

Pastel de Pescado

Anchoa suficiente para todas las personas
Salsa blanca, suficiente para cubrir el pescado
1 huevo
Sal y pimienta al gusto
2 cucharadas de queso rallado
Un poco de pan rallado
Unos trozos pequeños de mantequilla

Poner al horno la anchoa. Retirar cuando esté casi cocida.

Quitar las espinas y separar la carne sin aplastarla demasiado.

Hacer un poco de salsa blanca liviana.

Agregar el huevo, los condimentos y 1 cucharada de queso rallado y mezclar con el pescado.

Poner en una fuente para horno engrasada y espolvorear con un poco más de queso rallado, el pan rallado y la mantequilla.

Poner en el horno hasta que se dore, más o menos de 15 a 20 minutos.

Salsa blanca:
2 cucharadas de harina
2 cucharadas de mantequilla
2 tazas de leche
Sal y pimienta al gusto

Derretir la mantequilla y agregar la harina revolviendo hasta que no tenga grumos.

Retirar del fuego y agregar gradualmente la leche.

Hervir unos minutos a fuego lento y servir.

Pescado en Escabeche

1 kilo de pescado
2 hojas de laurel
Unas hojas de orégano
12 g de pimienta
4 dientes de ajo (opcional)
1 puerro, la parte blanca, cortado muy fino
2 zanahorias cortadas
½ taza de vinagre de malta
¼ taza de aceite de oliva
1 taza de agua
Sal al gusto

Lavar el pescado, espolvorearlo con sal gruesa y dejarlo por dos horas.

Después lavarlo nuevamente, secarlo y envolverlo en harina.

Freír ligeramente en aceite caliente.

Poner el pescado en una cacerola con el resto de los ingredientes y hacerlo hervir muy lentamente hasta que las zanahorias estén tiernas pero no blandas.

Se sirve bien frío y preferentemente al día siguiente.

Tarta de Pescado

Receta para Masa de Hojaldre

110 g de harina fina
1 yema
Un poco de agua helada
Unas gotas de limón
110 g de mantequilla

Hacer un hueco en el centro de la harina.

Mezclar en una taza ½ yema de huevo sin batir con el agua y el limón.

Verter en el centro de la harina y unir con un cuchillo, agregar un poco de agua para dar a la masa la consistencia necesaria.

Amasar ligeramente con los dedos, poner la masa en una tabla enharinada, espolvorear por encima con harina y estirarla dándole ½ cm de grosor.

Poner en un repasador limpio, 110 g de mantequilla. Cubrirla y aplastarla, golpeando ligeramente hasta que tenga la mitad del tamaño de la masa.

Colocar la mantequilla en la masa, doblarla y apretar ligeramente los bordes.

Estirar cuidadosamente una vez, doblar en tres para adentro, dar vuelta la masa con los bordes abiertos para adentro, estirar y doblar nuevamente en tres.

Dejar descansar por 15 minutos en un sitio fresco.

Repetir esta operación otras dos veces, pintando ligeramente la masa, cada vez con jugo de limón.

Si se desea usar la masa para vol-au-vent, estirar la masa dejándola de ¾ cm de grueso.

Cortar en círculos y sacar de la mitad un pequeño centro.

Colocar los círculos perforados sobre los enteros, pintándolos por el medio con un poco de huevo batido. Los centros se cocinan aparte y se vuelven a colocar una vez rellenos los vol-au-vent.

Rellenar con ostras, pollo, dulces, etc.

Receta para Masa Quebrada

Esta masa, conocida en inglés como Shortcrust, es una masa muy común en la cocina británica y se utiliza tanto para tartas salados como dulce, agregándole azúcar.

2 tazas de harina cernida
1 taza de grasa de riñonada o grasa de cerdo
1 cucharadita colmada de polvo de hornear, cernido con la harina
Una pizca de sal

Unir la grasa con la harina.

Mezclar con ½ cucharada de agua o un poquito más si fuera necesario, para hacer una masa seca.

Unir con un cuchillo trabajándola lo menos posible.

Estirar y manipular con cuidado.

Tarta de Pescado

1 lata pequeñas de salmón o atún o 1 taza de pescado cocido desmenuzado
½ taza de zanahorias cocidas cortadas en dados
½ taza de arvejas de lata
½ taza de patatas cocidas cortadas en dados
1 cucharada de cebolla picada
½ cucharada de harina
½ cucharada de mantequilla
¾ taza de leche
½ cucharadita de sal
1/8 cucharadita de pimienta
Masa de tarta

Hacer una salsa blanca derritiendo la mantequilla con la harina, agregando la leche gradualmente, la sal y pimienta, y revolviendo continuamente.

Mezclar la salsa con el pescado.

Acomodar en una fuente para horno en camadas alternadas, el pescado y las verduras.

Cubrir con masa para pastel de ½ centímetro de grueso y hacerle un agujero en el centro para que pueda salir el vapor.

Cocinar en horno caliente hasta que se dore la masa.

Salsas para Pescado

Salsa Holandesa

3 yemas
2 cucharadas de agua fría
100 g mantequilla derretida
1 cucharada de postre de jugo de limón

Batir en un bol las yemas con el agua.

Colocar al baño María y cuando esté espumosa agregar la mantequilla derretida.

Agregarle sin dejar de batir, el jugo de limón y condimentar a gusto.

Seguir batiendo hasta que se espese.

Nota:

Esta salsa se usa especialmente para pescado. Se puede usar para servir espárragos hervidos agregándole 2 cucharadas de crema fresca y batiendo un momento sin volver a calentar.

Salsa Tártara

*1 cucharada de postre de Picalilli picado
   (ver receta posterior)
1 cucharada de postre de aceitunas picadas
1 cucharadita de alcaparras
1 cucharadita de perejil picado
Vinagre a gusto si desea*

Se mezcla la mayonesa con los demás ingredientes.

Pickles Picalilli

Un favorito en la mesa inglesa.

1 zapallo o lata de pepinitos
½ k de tomates
½ de chalotes
2 coliflores grandes
½ k de chauchas (judías verdes) o apio

Cortar todos los ingredientes en pequeños trozos.

Poner en un recipiente, espolvorear con sal y dejar descansar por 24 horas en el refrigerador.

Al día siguiente enjuagar las verduras.

Poner en un recipiente y cubrir con agua. Llevar a ebullición, cocinar por 10 minutos y luego hervir suavemente por 10 minutos. Colar y reservar.

Aparte, hervir los siguientes ingredientes por 5 minutos, luego dejar enfriar, colar y reservar:

2 litros de vinagre
56 g de especias (en una bolsita de muselina),
250 g de azúcar morena

Aparte:

3 ½ cucharadas de harina
56 g de mostaza
50 g mantequilla

56 g de cúrcuma en polvo
Pimienta negra al gusto

Derretir la mantequilla. Agregar la harina y cocinar suavemente por 5 minutos.

Agregar la preparación de vinagre. Cocinar 2 o 3 minutos.

Agregar a esta preparación espesa, la mostaza, cúrcuma y pimienta. Revolver bien.

Agregar estar preparación a las verduras. Revolver bien.

Colocar en frascos esterelizados y guardar en el refrigerador.

Es mejor esperar una semana antes de consumir.

Salsa Blanca para Pescado

2 cucharadas de harina
2 cucharadas de mantequilla
2 tazas de leche
Sal y pimienta al gusto

Derretir la mantequilla y agregar la harina revolviendo hasta que no tenga grumos.

Retirar del fuego y agregar gradualmente la leche.

Hervir unos minutos a fuego lento y servirla.

Salsa de Huevo para Pescado

1 taza de salsa blanca
1 cucharada de perejil picado
1 cucharadita de vinagre o jugo de limón
2 huevos duros picados

Agregar a la salsa blanca el resto de los ingredientes.

Para la salsa blanca:
2 cucharadas de harina
2 cucharadas de mantequilla
2 tazas de leche
Sal y pimienta al gusto

Derretir la mantequilla y agregar la harina revolviendo hasta que no tenga grumos.

Retirar del fuego y agregar gradualmente la leche.

Hervir unos minutos a fuego lento y servir.

Salsa de Alcaparras para Pescado

1 cucharada de alcaparras
4 cucharadas de mantequilla
1 ½ jugo de limón
1 cucharadita de perejil picado
Pimienta al gusto

Derretir la mantequilla en una cacerola.

Agregar las alcaparras y los demás ingredientes.

Calentar hasta que esté muy caliente y luego verter sobre pescado hervido o al horno.

.

Mayonesa para Pescado

2 yemas
1 cucharadita de azúcar
½ cucharadita de mostaza
¼ cucharadita de sal
1 taza de aceite
El jugo de medio limón

Mezclar la mostaza, azúcar y sal.

Agregar las yemas y batir por 5 minutos.

Agregar el aceite de a gotas al principio, después de a poco.

Cuando empieza a endurecerse agregar el limón de a gotas, alternativamente con el aceite.

Estimado Lector:

Nos interesa mucho tus comentarios y opiniones sobre esta obra. Por favor ayúdanos comentando sobre este libro. Puedes hacerlo dejando una reseña al terminar de leer el mismo en tu lector de libros electrónicos o en la tienda donde lo has adquirido.

Puedes también escribirnos por correo electrónico a la siguiente dirección: info@editorialimagen.com

Si deseas más libros como éste puedes visitar el sitio de Editorial Imagen para ver los nuevos títulos disponibles y aprovechar los descuentos y precios especiales que publicamos cada semana.

Allí mismo puedes contactarnos directamente si tienes dudas, preguntas o cualquier sugerencia. ¡Esperamos saber de ti!

Más Libros de Interés

Recetas Mexicanas Tradicionales - Descubre las mejores recetas de cocina mexicana.

En este libro encontrarás una selección de las recetas más populares y deliciosas de esa nación incluyendo: Carnes, Pescados y Mariscos, Arroz, Sopas, Verduras, Salsas, Entradas, Tortillas, Postres y Dulces, Bebidas.

Recetas de Carnes - Selección de las mejores recetas de la cocina británica.

La carne es la protagonista en la mayoría de los platos de muchas culturas y naciones del mundo. Se ofrece más de 90 de las más populares recetas inglesas de diversas carnes que incluyen también aves y caza, tartas con carne, recetas de carne con gelatina, salsas para acompañar a las carnes y además, rellenos para las carnes.

Recetario de Tortas con sabor Inglés

Si buscabas recetas de cocina británica este libro es para ti. El mismo contiene una selección de recetas de tortas con sabor inglés. Este recetario incluye 80 recetas para toda ocasión, las cuales van desde lo más sencillo hasta lo más especial, como por ejemplo, una boda.

Cupcakes, Galletas y Dulces Caseros: Las mejores recetas inglesas para toda ocasión.

En este libro de recetas encontrarás una selección de casi 100 de las más populares recetas inglesas con las cuales podrás sorprender a tu familia o tus invitados, ofreciendo un detalle sabroso que seguro apreciarán.

Recetas Vegetarianas Fáciles y Baratas - Más de 100 recetas vegetarianas saludables y exquisitas para toda ocasión.

Si buscabas recetas de cocina vegetariana este libro de recetas veganas es para ti. Es un recetario que contiene una serie de platos sin carnes ni pescados, con una variedad de recetas de Verduras, Huevos, Queso, Arroz y Ensaladas. Todas las recetas, además de ser saludables, son fáciles y rápidas de preparar.

Las Más Fáciles Recetas de Postres Caseros

Esta selección contiene recetas prácticas que, paso a paso, enseñan a preparar los postres, marcando el tiempo que se empleará, el coste económico, las raciones y los ingredientes.

Cómo Adelgazar Comiendo

Se dan varias estrategias que te ayudarán a deshacerte de esos kilos de más, para siempre – ¡sin pasar ni un solo día de hambre!
• La verdadera razón por la cual las dietas no funcionan para ti y los muchos mitos sobre la pérdida de peso.
• Aprende cómo puedes mantener tu peso ideal fácilmente, mantenerte en forma y saludable por largo tiempo.
• Conoce las mejores recetas para bajar de peso.
• Y mucho más.

www.ingramcontent.com/pod-product-compliance
Lightning Source LLC
LaVergne TN
LVHW011738060526
838200LV00051B/3238